99%の小学生は気づいていない!?

ウェルビーイングの魔法

監修 前野隆司

著 中島晴美・山田将由・岸名祐治

JN097798

Z-KAI

「99%の小学生は気づいていない!?」
シリーズ発刊にあたって

未来を想像してみましょう。

遠い未来ではなく、10年後。

あなたは何歳になっていますか？　何をしていますか？

ずっと先のことで、みんな、まだまだ想像がつかない

かもしれません。

でも、0歳だったあなたが今のあなたになるまでと

同じくらいの時間。

その時間の中で、遊んで、学んで、考えて……。

いろいろな人に出会い、いろいろなことを経験していく。

今の、その一つ一つがあなたをつくりあげていく。

今の、その一つ一つがあなたを大きくしていく。

あなたの中にある力をどんどん伸ばしていけるように、

学校で学んだことをさらに一歩進めて考えていけるように、

今、伝えておきたい大切なことをぎゅっとまとめました。

未来を自信をもって生きていくために。

未来の世界を明るくしていくために。

この本が、あなたも想像していなかったような未来に

つながります！

はじめに

「みなさんは幸せですか?」

このように聞くと、「今日は宿題がたくさんあってやりきれそうにないから、ぜんぜん幸せじゃない」「本を貸してもらえなかったから、幸せとは思えない」「みんなの前で変なことを言ってしまって、笑われたから不幸だ」「明日のテストが心配で、幸せだなんてまったく思えない」……そんなふうに答える人が多いかもしれません。あちこちに不幸せの種があると感じる人もいるでしょう。では、どうやったらこれらの不幸せの種を乗りこえて「幸せ」を感じることができるのでしょうか。

わたしはウェルビーイングの研究をしています。ウェルビーイングとは、「元気で、周りの人ともうまく関わり、満足して生きている状態」、つまり「幸せに生きている状態」のことです。ウェルビーイングの研究により、幸せを作りだす方法は明らかにされています。そう、幸せは自分で作りだせるものもたくさんあるし、その方法

は、意外と簡単です。

　この本は、その「幸せを作りだす方法」を紹介するものです。ウェルビーイングをいっしょに研究し、実践している、中島晴美さん、山田将由さん、岸名祐治さんという小学校の先生とともに作りました。なぜって？　それは次のページから読んでもらえばわかりますが、3人の先生方がウェルビーイングのためにいろいろな取り組みをしているのに加え、ある秘密をもっているからです。

　この本では、マコ、ケイ、ヒロ、シンという4人の子どもたちが冒険の旅に出て修行を行うという物語の世界を通して、「自分で幸せを作りだす方法」を学んでいきます。前半の冒険物語での修行も、後半の現実世界での修行も、読者のみなさんがいっしょにできるもの。ウェルビーイングの力は自分で身につけていくことができるものなのです。ぜひ4人の子どもたちといっしょに修行をし、ウェルビーイングをつかんでください。

　　　2023年3月

　　　　　　　　　　　　　　　　　　　前野 隆司

第2章　人間の世界でウェルの修行
～4つの心を使いこなせ！～

コラム

マコ

・まじめでやさしい
・「無理」とすぐ言う

「春休み中に読まなきゃいけない本、まだこんなにある……。絶対に無理だ」

泣き言ばかり言って、どんなことも自分から進んでやろうとしないマコは、泣きそうな顔で机に向かっていました。机は窓に面していて、家の裏を流れる川の土手が見えます。

今日のように風のある日の夕方にはあまり人影もありません。ふと、マコは顔を上げて窓から外を見て、目をまん丸にしました。

ちょうど同じ頃、近くに住むケイは、ぶつぶつ文句を言いながら習い事の準備をしていました。だれかがなにかをしてくれないと、ケイはいつも

文句を言うのです。

「ママったらあたしがたのみたい日に限っていないんだから。寒いから車で送ってほしいのに！」

そして、うらめしそう

ケイ

・勇気がある
・おこりんぼう

に窓に目をやって、ぽかんと口を開けました。

ヒロ

・きちんとしている
・心配性

ヒロはその頃、学校に持っていく荷物の準備をしていました。始業式は三日後です。

「忘れ物をしたらどうしよう……。それで担任の先生に怒られたら困る。新しく同じクラスになった人と仲良くできるかな。新学期が心配……」

9

ヒロはいつものようにいろいろと心配して青ざ
めながら、ふと窓の外を見て、「うわっ」と声を
上げて立ち上がりました。

❀

シン
・よく気がつく
・人目を気に
する

ちょうどその頃、シン
は出かけようとしている
高校生のお兄さんに声を
かけていました。

「兄ちゃん、新学期に、
このスニーカーで行った
ら変だと思う？」

「別に変じゃないよ。ちょっと派手ではあるけ
ど」

「そうなんだよね。目立つかなって気になって」

お兄さんは、いつもほかの人の目を気にしてば
かりいるシンをあきれたように見て、言いまし
た。

「自分がはきたいものをはけばいいんだよ」

　そっけなく出かけてしまうお兄さんの後ろ姿を見送りながら「目立ちたくないんだよ……」とつぶやいたシンは、玄関の先を見て「あっ」と声をあげました。土手に稲光が走り、だれかに落ちたように見えたからでした。

🍀

　4人はそれぞれの家から同時に走り出して土手に向かいました。そこにはだれかが倒れています。近づくと一人の男の人でした。

「大丈夫ですか？」

「雷に打たれたんですか？」

「どうしよう、大けがをしたのかもしれない」

　4人が不安そうに顔を見合わせていると、男の人はうめきながら目を開けました。

「ううん……」

「大丈夫ですか？　救急車を呼びましょうか」

「ああ、ウェル族の子どもたちか……」

「えっ、ウェル……？　なんですか？　おけがは

ありませんか？」

「おお、さすがは我がウェル族の子どもたちだな。

わしの急場に勇敢にもかけつけてくるとは。いや、

大丈夫だ。久しぶりで勘がにぶっていただけだ。

それよりも、四葉の杖を取ってくれ」

「杖？　どこにあるんですか？」

「そこだ。目の前にあるだろう。四葉が見えないのか？」

「えっこれ？」

男の人の足元に落ちていた四葉のキーホルダーに気づき、ケイが拾い上げました。

するとそれは急に手の中で大きくなり、両端がのびて、先端に四葉のマークのついた杖になりました。

「ええっ！　どういうこと？」

「いったいなにをおどろいているのか、子どもたちよ。ウェル族の四葉の杖ではないか。ああ、痛かった。しかし、転んだおかげできみたちに出会えたのはうれしい。こういう人間界の服も、久しぶりで楽しいぞ」

「人間界？　うぇるぞく？　なんの話？」

「えっ。きみたちは、ウェル族、じゃない？」

13

男の人はあわてたように、4人の顔から足元に目を落としました。そして、

「あああ、しまった。きみたちはたしかに人間だ。モヤモヤが足元からそんなにたくさん出ているウェル族はいない。なんで気づかなかったんだ」

と肩を落として言いました。

「モヤモヤ……？」

　4人は不気味な言葉にふるえながら足元に目を落としました。しかし、なにも見えません。

「別になにもついてないけど……」

「あわれな子どもたちよ。自分たちをおびやかすものも見えないとは……。そうだ！　すべてを解決する方法がある。きみたちをウェル族にすればいいんだ！」

「えっ！　うぇるぞくってなんなの？」

「ウェル族は、幸福の民。我が一族は幸せを

作りだす人々なのだ。きみたち、幸せになりたいか？」

「幸せって？　お金持ちになれるってこと？」

「ゲームソフトをいっぱいもらえるとか？」

　子どもたちはわくわくした顔で言いました。すると、男の人は言いました。

「幸せは自分で作りだせるものも多い。自分で作る幸せは、お金や物のようになくなってしまう可能性のあるものではない。我が一族は幸せを自分で作りだす。そういった幸せは、人生を楽しくするし、永遠になくならないものなのだ」

「永遠になくならない幸せ……。いいな……」

4人は、小さな声でつぶやきました。

「そうだろう！　じゃあ決まりだ。きみたちを、ウェル族の世界に連れていくぞ。子どもたち、手をつなごう。いくよ！　アリアリナンヤッ！」

　男の人は、そうさけぶと、四葉のマークのついた杖でドンと地面をつきました。すると……、あたりは真っ白な光に包まれました。

16

第1章

ウェル王国での修行

～4つの心を習得せよ～

1 やってみよう！　と思うには？

「ここは……どこ……？」

　気づくと４人は岩がごろごろした山道に立っていました。道は細く長く続いています。遠くの山の上に、真っ白に輝くお城が見えました。

「ここはウェル王国の入り口。きみたちはここから４つの関門をくぐりぬけ、城で王からウェル族の認定をもらわなければいけないのだ」

　声にふり向くと、さっきの男の人が変わった服を着て立っていました。

「おじさん、服が変わっている……」

　男の人は、それを聞くと大笑いして言いました。

「おじさんだって？　あっはっは。そりゃそうか。わしのことは『タックさん』とでも呼びなさい。この服は、ウェル族の服装だ。きみたちも着替えたほうがいいな。アリアリナンヤッ！」

　タックさんはそう呪文をとなえながら四葉の杖を子どもたちに向けてふりました。

「これできみたちも修行の旅に出られるな。がんばるんだぞ。この道をずっと行けば、同じように城に向かうウェル族の子どもたちに合流できるから、彼らといっしょに旅をすればいい」

「えっ！　そんな！　絶対に無理！」と、マコが泣きそうな声で言いました。

「えっ、困るよ。どうしたらいいの？　なにをすればいいの？」と、ヒロはすでに目を涙でいっぱいにして心配しています。

「みんなができないなら、おれにもできるわけないよ」と、シンも青い顔でつぶやきます。

「タックさんのせいでこんなところに来ちゃったのに、なんにもしてくれないなんてひどい」と、ケイは顔を赤くしておこりました。

「おお、おそろしいモヤモヤの量だ。たしかにウェル族ではないきみたちには、だれかがつきそったほうがいいかもしれんなあ。それでは、わしがきみたちといっしょに行くとしよう。安心しなさい。それにしても、きみたちのモヤモヤの量はすごいなあ。もうきみたちにも見えるだろう？　ウェル王国にいるのだから」

　タックさんが指さすので4人が足元に目を落とすと、モヤモヤとした黒い雲が見えました。

「うわっ！　なにこれ!?　こわい！」

「不安や怒りがあるときにはいつも、そういう黒い雲が出ているんだ。でも大丈夫。修行をすれば消えていくから。さあ、出発だ！」

　そう言ってさっさと歩き始めたタックさんを、4人はあわてて追いかけました。

　しばらく歩くと、高い崖の前につきました。上から太いロープが下がっています。そこにはウェル族らしき子が何人もいました。

　タックさんがロープを指さして言いました。

「さあ、ロープを使って崖を登ってみよう！」

　それを聞いたマコは「えっ、そんなの無理だよ」と後ろにじりじりと下がり始めましたが、ウェル族の子どもたちは楽しそうにロープに飛びつき、あっという間に登っていきました。

21

「ほら！　楽しそうだろう？　下はやわらかいし、安全だ。落ちたらまた登ればいいだけだよ」

　その言葉を聞いて、ケイが「あーあ、こんなにめんどうなことをしなくちゃならないなんて！」と、おこったように言いながら、ロープをにぎって登り始めました。続けてヒロが、心配そうに「どうやるの？　これでいい？　タックさんこれで大丈夫？」と確認しながら慎重に登っていきます。シンも「みんなが登るなら、おれも登らなくちゃ」とつぶやいて、登り始めました。

　そんなみんなの姿を見ながらも、マコはどうしても足がふみだせません。

（どうしよう。できっこない……）

　マコの様子を見て、タックさんが言いました。

「うーむ。この道を通らないとだいぶ遠回りになるし、マコなら登れないはずはない。きみがウェル族になるには『**やってみようの心**』が足りないようだ。でも大丈夫。ちょっと修行すれば、みんな、その心はもてるようになる。しかし、今は助けが必要だな。ユウさん、ユウさんはおらぬか？」

　タックさんが辺りを見渡しながら呼びかけると、男の人が元気よく走ってきました。

「ああ、ユウさん。この子、何事にも『やってみよう』と思えないようなんだ。ちょっと修行をお願いできるかな。じゃ、たのんだよー」

「あ！　はい！　おぅ…」

言いかけた男の人に向かって、タックさんは
シッと片手の人差し指を口に当てます。そして、
「さあ、マコ。きみはこの修行が終われば、あ
とはきっと楽々みんなに追いつけるよ。待って
るよ」と言ってひょいとロープに飛びつき、崖
をすいすいと登って、あっという間に見えなく
なりました。

　タックさんの姿が見えなくなると、ユウさんと
呼ばれた人は急に歌いだしました。

「やってみよ～う、やってみよう！　きみなら
きっと、やりぬける～♪」

　びっくりしてふり向くマコに向かって、男の人が「やあ。ユウさんだよ。よろしく」と、さわやかに笑いかけてきます。

「さあ、『**やってみようの心**』の修行に行こう！」

　そう言ってどんどん先へ進むユウさんのあとをついていくと、滝の前に出ました。知らないウェル族の子が二人、はずかしそうに座っています。

「じゃあ、これから修行を開始するよ」

「まさか……、滝に入るとか？」

「うーん、そうだねえ。ぼくの質問に答えられなかったら、滝に入って修行してもいいよ」

　ユウさんはそう言うと、にっこり笑って３人に問いかけました。

「では質問！　『今までにがんばったことは？』」

子どもたちはびっくりして顔を見合わせます。

きみも考えてみよう
今までにがんばったことは？

「ええ？　急には思いつかないよお」

　マコが困って声を出すと、ユウさんは冗談っぽく言いました。

「大きいことじゃなくてもいいんだよ。もし、思いつかなかったら、今、滝に入って、がんばったことを作ってもいいよ」

　マコは「無理、無理」と首をふっていましたが、はっと気づいたように言いました。

「あっ、思いついた！

1年生のときに計算が

26

すっごく苦手だったんだけど、がんばって算数ド
リルをまるごと全部やりきったんだ！」

　それを聞いたウェル族の男の子が感心したよう
に言いました。

「すごい。きみはがんばれる子なんだねえ！　同
じようなことだけど、ぼくは笛がなかなかうまく
吹けなかったんだ。でも毎日練習して今はみんな
が聞かせてとたのんでくるくらい、きれいな音で
吹けるようになったよ」

「そうだね。笛がすごくうまいよね。がんばって
練習したからなんだね。わたしは思いつかないな
あ。どうしよう、滝に入るしかないのかな」

　ウェル族の女の子が泣きそうになっていると、
さっきの子がおどろいたように言いました。

「えっ、いつもがんばってるよね？　弟と妹を
すごくかわいがってるし、勉強を教えてあげたり
遊んであげたりしてるよね？」

それを聞いた女の子は目をぱちくりさせて、「そういうことでもいいのか！」と喜びました。

　ユウさんは力強くうなずいて続けました。

「もちろんだよ！　周りの人たちのためにがんばっていることも、自分のためにがんばっていることも、『やってみよう』という気持ちがあるからできることだよ。それに、ほかの人からがんばっていると言ってもらえるのもうれしいよね。すばらしい！　3人とも、第1問はクリアだ」

　ユウさんはうれしそうに続けました。

「第2問。『自分をもっと好きになるコツは？』」

きみも考えてみよう
自分をもっと好きになるコツは？

ウェル族の女の子が声をあげました。

「わたし、これは妹と弟によく言ってるからわかる！ それはね、<u>自分で自分のことをほめること</u>。自分のいいところを探してほめると、自分のことがどんどん好きになるよ」

マコはそれを聞いて感心したように言います。

「へえ、知らなかった！ 今度やってみる。ぼくのコツは、<u>出かける準備を、前の日の寝る前にやること</u>。きちんと準備したら気持ちいいし、ちゃんとできているなあと思えるからおすすめ」

「へぇ！ きみはがんばり屋さんなうえに、準備もきちんとできる子なんだね。そっかあ。たしかに気持ちがいいかも。今度やってみるよ。ぼくのコツは、<u>好きなことをやり続けることだな</u>」

ウェル族の男の子はそう言うと、ポケットから小さな横笛を出して吹き始めました。滝の音と笛の音が美しく混ざり合い、心がすっきりとしてきます。

「きみたちはやっぱりすばらしい！ きみたちが『やってみよう』の修行が必要だなんて、信じられないよ。２つの質問にもちゃんと答えられたし、もう大丈夫だ。崖も登れるはずだよ」と、ユウさんがみんなをはげましました。

「えっ、どういうこと？ 今の質問と崖登りなんて、関係ないんじゃない？」

　マコがびっくりして聞くと、ユウさんがぐっとにぎりこぶしを作って「それが、大ありなんだ！」と言います。

「きみたちは3人ともそれぞれ、がんばってきたことがあったよね？　それは『やってみよう』と思ってがんばった経験があるってことだ。そしてきみたちは3人ともそれぞれ、自分をもっと好きになるコツもわかっている。**自分のことを信じられる**ってことだ。そんなきみたちなら、さまざまな困難にも挑める、つまり『やってみよう』って思えるはずじゃないかな？」

　ユウさんが熱く語るのを聞いて、マコたち3人は大きくうなずきました。ウェル族の男の子が晴れ晴れとした顔で言いました。

「できなくても、練習すればいいね。笛を吹く練習をしたみたいに。ぼく、崖を登ってみるよ」

ユウさんの「やってみよう！」解説コーナー

「やってみようの心」は、「自分にはいいところがある。

そして、そのいいところを伸ばすために、自分はこんな学びや成長をしてきた。だから今の自分のことが好きだ。そんな自分をみんなも好きでいてくれる」と思えることで生まれてくるよ。

「やってみようの心」があると、ちょっとむずかしそうなことにも自分らしく向き合う方法を考えることができるし、なによりも「失敗しても大丈夫。とにかくやってみよう」と思えるようになるんだよ！

やってみよ〜う、やってみよう！　きみならきっと、やりぬける〜♪　「やってみようの心」を忘れずにね！

♠ 「やってみようの心」を強める問い ♠

> 家族や友だちと話し合ってみよう！

今までに
がんばった
ことは？

自分を
もっと好きに
なるコツは？

すっごく
やってみたい
ことは？

夢をかなえる
方法は？

迷ったときは
どうやって
決める？

こつこつ
続けている
ことは？

参照：一般社団法人ウェルビーイングデザイン ウェルビーイング・ダイアログ・カードのホームページ
https://www.well-being-design.jp/community/community4/

2　ありがとうフェスティバル

「ああ……、崖登りでくたくただよー」

「崖から落ちるんじゃないかって、ずっとずっと心配だった。ああ、どきどきした……」

「みんながどんどん行っちゃうから、おれ、もう必死だった。つかれたあ……」

　崖を登り終わったケイ、ヒロ、シンがぶつぶつ言いながら休憩しています。そんな3人を見て、タックさんはあきれた様子で言いました。

「やれやれ。きみたち、休憩が長いなあ。足元にもモヤモヤをそんなに出しちゃって……」

　そこに、マコが笑顔でやってきました。

「あ、みんな、いた！　追いつけちゃった！」

　マコの足元にモヤモヤはもう出ていません。

「崖登り、楽しかった！　もう一度降りて登ってきてもいいくらい」

「おお、マコはしっかり『やってみようの心』を修行で習得してきたようだな。さすがはわしが見込んだだけはある。やってみよ〜う、やってみよう！　きみならき〜っと、やりぬける〜♪　じゃあ〜、そろそろ出発だ〜♪」

　タックさんは歌いながら呼びかけます。

「えー、またなにかやらさられるの？」

「どうしよう、どうしよう、困っちゃうよ……」

「おれもなんだかイヤな予感がするよ……」

　ケイ、ヒロ、シンのモヤモヤが強まります。マコだけが目をキラキラさせて言いました。

35

「どんなこと？　やってみたい！」

「マコ、ウェル族らしくなってきたなあ。次に行く場所は楽しいぞ。なんたって、お祭りだ！」

　ずんずん先を行くタックさんを追いかけて進んでいくと、湖のほとりの静かな村に着きました。霧がかかって湖はよく見えませんが、村にはたくさんの光る木が生えています。

「ここでお祭りに参加することが２つめの関門じゃよ。あそこに人が何人もいるのが見えるだろう。その中にいるハルルンさんにやり方を聞いて参加してくるといい。わしはこのベンチで待っているよ」

マコはやる気満々で、「わかった！」と声をあげて走っていきました。ケイ、ヒロ、シンはそのあとを、少し不安そうな顔をして続きます。

ハルルンさんは4人を笑顔で迎えると、3枚の紙と木の枝とペンを一人ずつに渡して言いました。

「ようこそ、〈ありがとうフェスティバル〉へ。この3枚の紙に自分が『ありがとう』と思うことを書いてこの木の枝にさすと、あなただけの『ありがとうの木』になるのよ。お祭りの会場をありがとうの木でいっぱいの森にするのが、このお祭りなの。やってみない？」

まずマコが元気よくうなずいて受け取り、さらさらと3枚の紙に書き込むとそれを枝にさしました。すると枝は、キラキラと輝くきれいな木に変わりました。

「わあ、きれい。これを会場に植えるんだね。ほかの人の木も見たい。先に中に入っているね!」

　会場に入っていくマコを見て、ヒロとシンもありがとうの木を作って中に入りました。

　ところが、ケイはいつまでたっても下を向いたまま。足元はモヤモヤと黒いものにおおわれています。その様子を見て、タックさんが近づいてきました。

「どうしたんだね?」

「あ、タックさん。この紙に『ありがとう』と思うことを書けって言われたけれど、なんでこんなことしなくちゃいけないの?　あたし、『ありがとう』って思うことなんて、ないよ!」

　ケイはおこりながら言いました。

「ふーむ。ケイはどうやら『**ありがとうの心**』が足りないようだなあ。ハルルンさん、ちょっとこの子に教えてやってくれないかね?」

　急に名前を呼ばれたハルルンさんが目を丸くして「あっ、あなたは……」と言いかけると、タックさんはあわてて背を向けて、「じゃあケイ、しっかり教えてもらってな！」と大きな声で言って歩いていってしまいました。

　タックさんの姿が見えなくなるとハルルンさんはケイをふり返り、笑顔で言いました。

「大丈夫よ。質問に答えられない子がほかにもいるからいっしょに練習しましょう」

　ケイはハルルンさんに連れられて、お祭り会場の隣の、丸太でできた館に入りました。中ではウェル族の子が二人、粉まみれで白い塊を丸めていました。

「さ、パンを作りながら修行しましょうか」

「パン作り？　なんでそんなことするの？」

　思わず声をあげたケイにハルルンさんは「これも『ありがとうの心』を見つける修行の一つなのよ」とやさしく答えます。

「えー、なんでそんなことが修行になるの？」

「作ってみればわかるわよ。さあ、修行を始めましょう。まず一つ聞いてもいいかしら」

「変な質問されても答えられないよ。やだな」

　ケイと同じようにウェル族の子たちも困ったような表情でハルルンさんのことを見ます。するとハルルンさんは笑顔で言いました。

「すぐに答えられなくてもいいの。ほかの人が話すことを聞くことも大事。聞いているうちに思いつくこともあるかもしれないでしょう？」

　ハルルンさんの言葉を聞いたケイがあきらめたようにため息をつくと、「ありがとう、ケイ。では質問」と、ハルルンさんが3人に向かって問い

かけました。

「あなたたちが『自分に対して「ありがとう」と言いたいことはどんなこと？』」

きみも考えてみよう
自分に対して「ありがとう」と言いたいことは？

　まず、ウェル族の子が「それなら答えられる。得意なことがある！」と口を開きました。手元には細かい模様がついたパンがあります。

「パンを作ってみて、手先が器用で『ありがとう』と思った。パン作りが楽しいのは器用なおかげ。自分にありがとうって思ってるところ」

「なるほどー。じゃあぼくは、今自分が生きていることに『ありがとう』って思う」

ケイは二人の答えを聞いてびっくりしました。自分がしていることについて感謝するということを考えたこともなかったからです。

　「そっか。なんでもいいんだね。じゃあ、あたしね、みんながこわがっているのを見るとじれったくなって、先にやっちゃおうって思うんだ。さっきの崖登りもみんながこわがってたから最初にやってみた。勇気があるということかな。勇気がある自分に『ありがとう』……」

　「それ、いいね！　周りの人もありがたいと思うはず！　きみがいなかったら、いつまでもできないってことがあるかもしれないよね」

　ウェル族の男の子の言葉にケイが少し照れていると、ハルルンさんが言いました。

「３人ともすてき！　自分に『ありがとう』と思えることは、周りの人の『ありがとう』にもつながるわね。では、２つめの質問。『「大切にされている」と感じるのはどんなとき？』」

きみも考えてみよう
「大切にされている」と感じるのはどんなとき？

　ケイが「えっ、わかんない」と口をとがらせていると、男の子が言いました。

「ぼくは、朝、友だちと会うとき」

「えっ、なんで？」

「その友だちは毎朝、会うと『おはよう！』って笑顔で言ってくれるんだ。『ああ、今日もちゃんと目が覚めてその友だちと会ってよかったなあ、ぼくのことを大切な友だちだと思ってくれているんだなあ』って思うんだ。ちょっと変かな？」

「すてきな答えよ。教えてくれてありがとう」

ハルルンさんが感激したように言うと、男の子はうれしそうににっこりしました。すると女の子も話しだしました。

「わたし、ばあばと住んでいるの。ばあばは、お仕事もしていて忙しいけど、毎日ご飯を用意してくれる。大切にされているなあって……」

それを聞いてケイははっと顔を上げました。

「そういえば、習い事のあとにママが迎えに来てくれるのも『大切にされている』ってことだ。ありがたいなあ……」

そしてみんなに向かって続けます。

「ねえ、考えてみたら、このパンもそうだけれど、食べ物はすべて、だれかが作ってくれたものだよね？　それってすごいことじゃない？」

ケイの言葉を聞いたハルルンさんが、焼けたパンを3人の前に並べながらほほえみました。

「よく気づいたね。そう、ありがたいことよ。そ

ういうふうに自分の周りにあるありがたいことに気づいていければ『ありがとうの心』はどんどん育っていくのよ！　さあ、どうぞ」

「あたし、今なら『ありがとう』と思うことは3つだけではなくてたくさん思いつきそう。『ありがとうの木』、今なら作れると思う！」

　ケイは目を輝かせて立ち上がりました。いっしょに修行したウェル族の子たちも、ほおを赤くして立ち上がります。みんな笑顔でパンを持ってお祭り会場に向かいました。

ハルルンさんの「ありがとう！」解説コーナー

　「ありがとうの心」は、「周りの人が自分を大切に思ってくれている。人生で感謝することがたくさんあるなあ。わたしもだれかの喜ぶ顔が見たいなあ。だれかに親切にしたいなあ」と思うことで育っていきます。

　「ありがとうの心」があると、今までは当たり前だと思っていたことも、実はだれかのやさしさや親切、努力の結果だったと見えてきます。すると、自分がとても大切な存在に思えるし、相手もありがたい存在になり、幸せな気持ちが増します。

　太陽が輝いているのも美しくてありがたいし、雨が降っても植物が喜ぶからありがたい。「ありがとうの心」を忘れずにね！

「ありがとうの心」を強める問い

家族や友だちと話し合ってみよう！

自分に対して
「ありがとう」
と言いたい
ことは？

あなたを
応援してくれ
ている人は
だれ？

周りの人を
笑顔にする
ワザは？

「大切にされ
ている」と
感じるのは
どんなとき？

ありがとうの
気持ちを
いっぱいに
増やすヒケツ
は？

みんなと
いっしょに
がんばりたい
ことはなに？

参照：一般社団法人ウェルビーイングデザイン ウェルビーイング・ダイアログ・カードのホームページ
https://www.well-being-design.jp/community/community4/

47

3 心を切りかえるスイッチって？

「みんなー！　焼きたてパンだよ！」

　ケイはハルルンさんたちと別れると、タック
さんたちの待つ、湖のほとりのベンチにもどっ
てきました。パンをかごに山盛りに入れていま
す。

「わあ、ケイすごいね！　どうしたの？」

　マコが目をまんまるにして喜びました。

「ハルルンさんたちとおしゃべりしながら作った
んだ。終わったら、あたしの生活は『ありがとう』
と思うことだらけだったとわかって、『ありがと
うの木』もちゃんと植えられたの！　このパンも
もらっちゃったんだ。食べようよ！」

　ケイの言葉を聞いたタックさんが言いました。

「修行で作ったパンか。ますますおいしそうだ。
みんなでいただくことにしよう」

　5人そろって楽しい食事の時間です。食べ終わるとタックさんが言いました。

「ああ、おいしかった。さあ、そろそろ城に行こうか。すぐそこだよ」

　タックさんが指で示す方向を見ると、さっきまで湖の上にかかっていた霧がすっかり消えて、湖の真ん中に白いお城があるのが見えました。

「きれい。でもあそこまでどうやって行くの？」

ケイが目を輝かせて聞きました。

「この湖には、いい怪物がいてね。城に行きたい人を背中に乗せて湖を渡ってくれるんだ。背中に乗ったらすぐだよ。あ、来た、来た」

　見ると湖の中からザアーッと大きな音を立てて怪物が５匹、こちらに向かってきました。

「かっこいい！　乗せてもらいたい！」とマコはさけび、「背中に乗せてくれるの？　ありがとう！」とケイは喜び、「みんな乗るなら、おれも乗ってみる」とシンは少し気弱な顔で言って、怪物に近づきました。すると、怪物が３匹、「乗りなよ」とでもいうように、すっと背中を向けてきました。

「おお、きみたち３人は怪物とのおつきあいの方法がわかっているようだな。怪物はきみたちが思った通りに姿形を変え、進む方向を変えてくれるよ。危ないことはない。背中に乗せてもらって、

先に城に行くといい！」

　タックさんがそう言うと、３人は怪物の背中に乗りました。

「わあ、かわいい。色もピンクだったらいいのに。あっ！　どんどんピンクになっていく！」と、ケイは歓声をあげます。

「ぼくの怪物はドラゴンに似てるよ。あっ！今、さらにかっこよくなった！　いえーい、城まで乗せてって」と、マコも乗り気で言います。

「おれの怪物も、乗り心地最高。イルカに似てるよ。お城まで一気に連れていってほしい！」

シンも楽しそうに言い、3人はお城に向かって行ってしまいました。

一方、ヒロは黒いモヤモヤに包まれています。

「怪物？　うわ、あの牙！　目もこわい。やだ！」

その瞬間、怪物の牙はもっと大きくなり、目もぎょろりと光りました。タックさんは「うーむ、ヒロには『**なんとかなるの心**』の修行が必要だな」とつぶやくと辺りに呼びかけました。

「サンちゃん！　サンちゃんはおらぬか」

「お呼びでしょうか。あっ、あなたは……」

「シッ！　わしのことはいい。きみはここで『**なんとかなる**の心』の修行をやっていたね。この子にはそれが必要なんだ。たのめるかな。わしは先に行ったほかの子の様子を見ないとな。ヒロ、

湖を渡ったところで待っているから、安心して修行して渡ってくるんだぞ！」

　そう言うと、タックさんも怪物の背中に飛び乗って行ってしまいました。

「置いてかれちゃった。どうしよう……」

　泣きそうな声で言うヒロに向かって、サンちゃんは落ち着いた声で話しかけました。

「大丈夫、大丈夫！　修行が終わればみんなとちゃんと会えるよ。きみたちも修行が必要な子だね？」

　サンちゃんは湖のほとりで立ちすくんでいたウェル族の子二人にも声をかけました。

「じゃあ、修行を始めよう。といっても、話をするだけだから、心配しなくていいよ」

穏やかにそう話すサンちゃんに向かって一人のウェル族の子が「お話しするの？　わたし、話すことなんてあるかな」と、困った様子で言います。ヒロも心配で心臓がどきどきしてきました。

「大丈夫だよ。答えを出すことが大事なんじゃないんだ。質問について考えて、気づいたことや考えたことをみんなで話すのが肝心だよ」

サンちゃんがそう言ってくれたので、ヒロはちょっとほっとしました。正しい答えを出すまで修行を続けなければいけないのかと心配していたからです。ほかの二人の心配そうだった表情も和らぎました。そんな様子を見てサンちゃんは言います。

「では最初の質問だよ。『気持ちを切りかえるためのワザはどんなこと？』。きみたちがやってることを話してくれるかな？」

きみも考えてみよう
気持ちを切りかえるためのワザは？

一人のウェル族の子が話しだしました。

「気持ちを切りかえなさいって、よく言われちゃうけれど、実はやり方がよくわからないんだ。<u>寝て起きれば少しだけ気持ちが変わるから、それをくり返すだけだなあ</u>」

それを聞いてヒロはあれっと思い、「それは、よく寝て起きるというワザなんじゃない？」とたずねました。するとその子は、安心した表情になり、ヒロに聞きました。

「言われてみたらそうかも。きみは気持ちを切りかえるのに、どんなことをしているの？」

「うーん、深呼吸かな。心配しすぎたときによく『深呼吸しよう』って言われる」

するともう一人の子が続けて言いました。

「深呼吸か。いいね。わたしは、気持ちがもやもやしていることをいったん忘れて、好きなことをするようにしているの。好きな手芸をしていると、気持ちが切りかわる気がするんだ」

みんなの答えを聞いて、サンちゃんは明るく言いました。

「きみたち、いい切りかえ方法を知っているね！この怪物とつきあうときにも気持ちの切りかえが

大事なんだ。この怪物はきみたちが頭の中で思い描く姿に変身する。こわいと思えばこわい怪物に、かわいいと思えばかわいい姿になるんだ。だからこわいと思う気持ちを切りかえて、自分が希望するこわくない姿を想像しないといけないんだよ。ほら、練習してみよう」

　3人の目の前には、目が真っ赤だったり大きな口を開けていたりするおそろしい姿をした怪物が3匹現れました。

　3人は目を閉じて大きく深呼吸をくり返すと、にっこり笑って口々に言いました。

「ペンギンみたいなかわいい顔をしている！」

「マナティみたいなまあるい手がある！」

「虹色に輝く、すっごくきれいな毛が生えている！」

　怪物はみるみるうちに言われた通りの姿に変わっていきました。

「きみたち、やるなあ！　もう大丈夫かもしれ

ないけれど、念のためにもう一つやってみよう。

質問の第2問目。『なんでも「なんとかなる」と

思うヒケツは？』。きっとみんな『**なんとかな**

るの心』はもっているはず。さっきは心配で頭

がいっぱいで思いだせなかっただけじゃないか

な」

❀🍀　きみも考えてみよう　🍀❀
なんでも「なんとかなる」と思うヒケツは？

　３人はなかなか話しだしませんでしたが、サンちゃんは静かに待っていてくれました。少し考えてから、男の子が言いました。

「『失敗してもやり直せばいいやって思うことかな。絵を描いているときは、うまくいかなくても直せばいいと思っているから、失敗したらどうしようって不安になることはないんだよね。いつでも『なんとかなる』って思ってるんだ」

「たしかに、やり直すことをいやだと思わなければ、『なんとかなる』って思えるね。わたしのヒケツは、よく運動してよく寝ること。心配しなくなって『なんとかなる』って思いやすいよ」

ウェル族の子たちに続けてヒロが言います。

「『なんとかなる』って思えるまで準備すればいいのかも。ちゃんと準備ができたかどうかをむやみに心配するんじゃなくて、やるべきだと思ったことは全部やって、きちんと準備したって考えるようにする。そうしたら、もう『なんとかなる』って思うしかない！」

笑顔で3人の話を聞いていたサンちゃんは、大きくうなずきました。

「ヒロのヒケツ、大事だね。何事も、自分にできることをしっかりとやって、あとは『なんとかなる！』と思えば、いいんだよ！　たとえ失敗したとしてもやり直したり、気持ちを切りかえたりすればいい。『なんとかなるの心』はばっちりだ」

拍手をしながら続けて言います。

「怪物の背中に乗る方法も、もうわかるね？」

「うん！　きっとなんとかなるよ！」

　3人とも勢いよくうなずきました。

　3人はそれぞれの怪物の背中に飛び乗って湖を渡り始めました。

「わあ！　速い！　気持ちいい！」

「ゆっくり泳いでもらうのも楽しいよ！」

「鳥を想像したら鳥に変身した。飛んでる！」

　3人の楽しそうな声が湖にひびきます。その後ろ姿を怪物に乗ったサンちゃんがにこにこしながら見守っていました。

サンちゃんの「なんとかなる！」解説コーナー

　「なんとかなるの心」は、「きっと大丈夫！」と信じる心や、気持ちを切りかえて失敗や不安な感情をひきずらない心、ほかの人と温かい関係や、自分はいろいろなことをやってきたと自分を受け入れる心があると育っていくよ。

　ただし、夏休みの宿題を最終日までやらないで「なんとかなる！」と思うような、なにもがんばっていない状態でこの心を使うのは危険だ。あくまでも、やるべきことはやって、そのうえで「きっと大丈夫」と大きく構えることが「なんとかなるの心」では大事だよ。

　心配や不安の波に飲みこまれそうになったら、「なんとかなるの心」を大事にしよう！

♣ 「なんとかなるの心」を強める問い ♣

家族や友だちと話し合ってみよう！

身体が元気に
なるために
していること
は？

リラックス
する方法は？

気持ちを
切りかえる
ための
ワザは？

どんなときに
エネルギーが
わいてくる？

未来に
わくわくする
のは
どんなとき？

なんでも
「なんとかな
る」と思う
ヒケツは？

参照：一般社団法人ウェルビーイングデザイン ウェルビーイング・ダイアログ・カードのホームページ
https://www.well-being-design.jp/community/community4/

63

4 自分は自分！

「楽しかった！　あの怪物、かわいいね！」

ヒロは怪物の背を降りると、城に向かう橋の前でみんなに追いつきました。

「ヒロも、ウェル族らしくなったな！　お城まではあと少し。見えるだろう？　あそこまで行くだけだ。お城に入る門が最後の関門だ」

タックさんはそう言うと、湖のほとりから門に続く橋の上で突然逆立ちをすると、そのかっこうのままで前に進みだしました。

「わ！　タックさん、急にどうしたの!?」

「お城の門には『真実の目』というものがついていて、『そなたが今、いちばんかっこいいと思う姿で門を通るべし』などと変なお題や質問を出してくるんだ。それに対

して、ほかの人がどう思おうと自分はありのままですばらしいと思う心、つまり『**ありのままにの心**』をもって答えれば、門を通してもらえるんだよ。『**ありのままにの心**』、みんなはもっているかな？」

　マコ、ケイ、ヒロは「逆立ちが今のタックさんにとってのかっこいい門の通り方なんだね。ありのままかあ。たぶん大丈夫！」と、にこにこしています。なにも言わないシンに向かって、タックさんが声をかけました。

「シンよ。今までずっと見てきたんだが、きみは意見を言うときに、いつも周りの子の答えを気にしているようだなあ」

　名前を呼ばれたシンはみるみる顔をくもらせました。足元には黒いモヤモヤが見えます。

「よし、わしがひと肌ぬごうかな。マコ、ケイ、ヒロも協力してほしい。門に向かって歩いて話しながらシンの修行をしよう。まずは『本気でやっていること』を話してみようか」

きみも考えてみよう
本気でやっていることは？

　まずはケイが言いました。

「それはもちろんピアノ！　毎日練習してる」

　続けてマコが言います。

「ぼくが本気でやっているのは、算数。毎朝、計算ドリルをやっているんだ。算数、すごく好きだ

し、もっともっと得意になりたいんだ」

二人の答えを聞いて、ヒロも言います。

「わたしは海岸のゴミ拾い。お父さんやお母さん

といっしょに週末にやってるんだ」

なにも言わないシンに向かって、タックさんが

声をかけました。

「シンはどうかな？　自分が本当にやりたくて

やっていること、なにかあるかな？」

シンはちょっと立ち止まって目を閉じます。

「おれ、実は……エア犬のお世話を本気でやって

るんだ。どうしても犬がほ

しいから、飼っても大丈夫

だとわかってもらえるよう

に、散歩やご飯の準備、ブ

ラッシングとか、もう犬が

いるかのように、想像しな

がら毎日やってるんだ」

「『エア犬のお世話』か！　なるほど、おもしろい！　シンがそんなおもしろいことを本気でやっているとは！　はっきり見えてなかっただけで、ちゃんと『**ありのままにの心**』がありそうだな。じゃあもう一つ。『人は人、自分は自分と思えるコツ』はどんなことだと思うかな？」

きみも考えてみよう
人は人、自分は自分と心から思えるコツは？

それを聞いて、ケイが言いました。

「あたし、やりたいことをやればいいって、いつも思ってるから、よくわからないなあ」

「ケイの今言ったこと、そのままコツじゃない？」

と、ヒロが笑いながら言います。

「あ、そっか！　ヒロは？」

「わたしとまるっきり同じ人はいないよね。自分のいいところと人のいいところはちがってて、そ

れでいいって思うことじゃないかな。今、自分で言っていて、いいこと言うなって思った」

と、照れて笑うヒロに続けて、マコが言いました。

「うんうん、ヒロ、いいこと言ってる。ぼくが考えるコツは、ぼくのことを好きな人も、そうじゃない人も、両方いるって思うことかな。知っている人全員を大好きになるのはむずかしいし」

３人の話を聞いているタックさんは満足そうにうなずきます。

「すばらしい！　やりたいことをやる。自分やほかの人のいいところを認める。自分のことを好きじゃない人もいると考える。自分らしくて『ありのまま』だ。そういう人は最高にかっこいいとわしは思う。自分の『ありのまま』を受け入れてもらえると、信じることが大事である。シンはどうかな？　どんなことでも大丈夫だよ。安心して言ってごらん」

69

「うーん……。たぶん、自分の好みを信じることかな。自分の靴が派手だって言われても、自分がかっこいいと思えばいい、とか」

「なるほど！　好きなことを信じる、か。すばらしい！　やっぱりシンも『ありのままにの心』があるじゃないか！　城の門も通れるな！」

　そう言ってタックさんが大きくうなずくので、シンはおどろいてたずねました。

「えっ、これで大丈夫なの？」

「そう！　自分が思ったり考えたりしたことを素直に言い、やりたいことをやりたいようにやろうと、今なら思えるんじゃないかな？」

　そう言って、少し先を指さしました。

「さあ、ちょうど門に着いた。門の上に大きな目がついているのが見えるかい？　あれが出すお題や質問に『ありのままに』答えれば門が開く。あの目はなんでもお見通しじゃ。『ありのままに』

答えないと永遠に門は開かない。わしは先に行く

が、一人ずつ順番に答えて中に入っておいで」

　タックさんは上機嫌でそう言うと、さっさと門

の目の質問に答えて入っていってしまいました。

耳をすますと、「アリアリナンヤッ！」という呪

文のあと、「あ！　おかえりなさいませ！」と出

迎えるたくさんの人の声が聞こえました。

　残された４人は顔を見合わせます。そしてケイ

にうながされてシンが最初に歩きだしました。

「どんな質問にも、自分らしく『ありのままに』

答える！」と、門の目を見上げたシンの目は決意

で輝いています。

71

タックさんの「ありのままに！」解説コーナー

　みんな、自分の頭や心で自分のやりたいことを決めているかな？　いつも人の言うことを気にしていると、次第に自分の頭や心で決めることをさぼってしまって、周りの人に言われたまま物事を決めたくなるかもしれない。でも、それだとせっかくのきみのすばらしい「自分らしさ」が見えなくなってしまう。自分らしく「ありのまま」でいればいい！

　自分は自分。周りの人ができることが自分にできなくても、比べなくていい。自分になにかできないことがあっても、それはだれのせいでもないし、自分の価値は変わらない。すてきな「ありのまま」の自分として、自分らしく生きることが、幸せになる一つの要素だよ。

72

◆ 「ありのままにの心」を強める問い ◆

家族や友だちと話し合ってみよう！

自信をもって
取り組んで
いることは？

楽しいことを
心から味わう
ための
工夫は？

人は人、
自分は自分と
心から思える
コツは？

本気でやって
いることは？

自分の
いいところを
伸ばすための
方法は？

枠に
はまらず、
自由でいる
ポイントは？

参照：一般社団法人ウェルビーイングデザイン ウェルビーイング・ダイアログ・カードのホームページ
https://www.well-being-design.jp/community/community4/

人間の世界へもどろう

　４人が門を通って城壁の中に入ると、たくさんのウェル族の子どもたちがお城に向かって歩いていました。彼らについてお城の広間に入っていくと、そこには、ユウさん、ハルルンさん、サンちゃんの姿も見えました。

　「子どもたちは、王様の前の席へ」とハルルンさんに言われて、４人は席に着きます。

　「王様だって。どんな人かな？」

4人がささやきあっていると、ドーンと大きな鐘の音がしてみんながいっせいに頭を下げました。立派な服装の男の人が歩いてきます。こっそりと顔を上げて見てみると……なんと、王様はタックさんではありませんか。

　王様は威厳に満ちた様子で話し始めました。

「おっほん。ウェル族の子どもたちよ、よく来たね。ここに来たみんなは、ウェル王国が大切にしている『幸せの4つの心』をもうしっかりわかっているはずじゃ。ケイ、その一つはなにかな？」

　急に名前を呼ばれたケイはびっくりしながら立ち上がりました。心臓がどきどきしましたが、ケイにはちゃんと答えがわかりました。

「『ありがとうの心』です！」

「そうじゃ。それが4つのうちの一つじゃ。じゃあ、シン、別のものを答えられるかな？」

「わっ！　びっくりした！　えっと、『**ありのま**

まにの心』です！」

「その通りじゃ。じゃあヒロ、別のものは？」

「『**なんとかなる**の心』です！」

「そうじゃ。ではマコ、最後の一つは？」

「『**やってみよう**の心』です！」

「その通り。みなのもの、この4人は人間の世界

の子どもじゃが、ウェル族の心をもっている。ウェ

ル族の子どもとして認めてもいいかな？」

　みんながいっせいに拍手をしてくれました。

「よかった。では、子どもたちにウェル族の証を
授けよう。アリアリナンヤッ！」

　四葉の杖をふりながら王様がそう言うと、4人
の手の中に、四葉のクローバーのキーホルダーが
ころりと落ちてきました。

「これから人間の世界でウェル族の心を使って修
行を続けてほしい。4つの心を忘れそうになった
ら、呪文の言葉、『アリアリナンヤッ！』を思い
出してくれ。ありがとう、ありのままに、なんと
かなる、やってみようの最初の二文字でできた呪
文だ。これがあればなんでもありなんやっ！」

王様は笑顔で４人に向かって続けます。

「この呪文をよく覚えておくといい。このキーホルダーをもって呪文を唱えれば、ウェル王国で学んだ幸せになるための４つの心がきみたちを助けてくれるはずじゃ。人間の世界での修行が終わったあかつきに、またここで会おう。では、きみたちを人間の世界へ……アリアリナンヤッ！」

王様の四葉の杖からまばゆい光が放たれ、辺りは真っ白になりました。

78

第2章

人間の世界でウェルの修行

〜4つの心を使いこなせ〜

1 ウェルな人を探せ！

「ぼくは１組か。ヒロといっしょだね。ケイとシンは５年２組だって。どちらも、今年からの新しい先生だ。休み時間にどんな先生か教えてね！」

　ウェル王国から帰ったあとの始業式の朝、クラス分けの表を見たマコは、ヒロ、ケイ、シンに声をかけて教室に向かいました。４人のバッグには四葉のキーホルダーがぶら下がっています。

　自分の席に着いたマコは、教壇に立つ担任のサンダ先生を見て、あれっと首をひねりました。

（あれ？　どこかで会ったような……）

「おはよう。ぼくは担任のサンダ先生だよ。１年間よろしくね。今年、この学校では、学年全体で、いろんなイベントを計画しているよ！」

　サンダ先生はそう言うと、黒板にバッと紙を貼りました。

第2章 人間の世界でウェルの修行

「新しいクラスで友だちを作るためにも、1週間、『ウェルな人を探せ！』ウイークをやるよ」

「ウェルって、なに？」とだれかが声を上げると、先生は目をキラキラさせて説明しました。

「『ウェル』という言葉は、日本語だと『よく』『上手に』という意味だよ。『よく』似合うとか、『上手に』絵を描くなどと使う言葉だね。今週は、なにかを上手にやってるな、なにかをすてきにできるなと思う人を探してもらいたいと思ってるんだ。次の時間から始めようね！」

81

休み時間、4人は廊下に集まりました。

「1組のサンダ先生、やさしそうだよ」と、ヒロが話しだすと、ケイもうなずきながら言います。

「2組のユウキ先生は熱い先生で楽しそうなんだ。なんだか『ウェルな人を探せウイークをやるぞー！』って言ってたんだけど……」

「1組も同じ。探せるかなあ。ちょっと心配……」

不安気にマコがそう言うと、隣にいたシンがマコの足元を指さしながら声をあげました。

「あっ、マコ！　足元……」

そう言われて足元を見ると、ウェル王国で見えていた黒いモヤモヤが立ち上っていました。どうやら人間の世界でも見えるようです。

　ちょうどそのとき、教室からサンダ先生が出て

きてなにかつぶやきながら通り過ぎました。

「……アリアリナ……」

「えっ？　今、先生が言ったこと、聞こえた？」

「アリアリナンヤッ、て言っていたような……」

　その瞬間、４人がつけていたキーホルダーが、

ピカッと光を放ちました。

「そうだ！　アリアリナンヤッの４つの心だよ！

ありがとう、ありのままに、なんとかなる、やっ

てみよう。これが使えるんじゃないかな？」

　ケイの言葉にシンも大きくうなずきます。

「そうだね。まずは『やってみよう』だ。４人で
ウェルなところを探してみようよ」

**「おたがいのウェルなところ、つまり上手にできるこ
とやすてきなところを言い合ってみようか」**

　ヒロがそう言うと、シンがケイを見ました。

「おれ、ケイのウェルなところを思いついた。ケ
イはピアノが上手だよね！」

「え、ホント？　どうもありがとう。毎日練習し
ているんだ。ウェルって言ってもらえるとうれし
いなあ。じゃあ、あたしはヒロに。ヒロっていつ
も本を読んでてすてきだなあって思ってるよ」

そう言われて、ヒロは照れた様子で笑います。

「本が好きで読んでいるだけなんだけど、これもウェルなのかなあ。実は、今まで読んだ本のことは全部、読書日記に書いているんだ」

話を聞いていたマコは、好きなことやがんばっていることもウェルなんだなあ、と思いながらシンに向かって言いました。

「ぼくは、シンがいつも人の気持ちを考えていてやさしいところがウェルだなあ、って思う」

「えっ、そうかな？　やさしいかな？　そういうマコはいつも心が落ち着いているよね。それもウェルなんじゃない？」

話していると、みんなそれぞれウェルなところがあるようです。モヤモヤも消えそうです。

きみも考えてみよう

周りの人のウェルなところを探してみよう！

称号ウェルシート

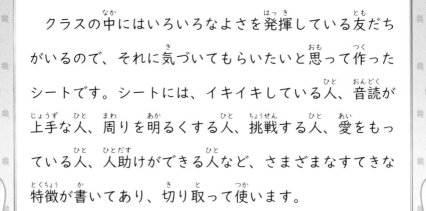

　クラスの中にはいろいろなよさを発揮している友だちがいるので、それに気づいてもらいたいと思って作ったシートです。シートには、イキイキしている人、音読が上手な人、周りを明るくする人、挑戦する人、愛をもっている人、人助けができる人など、さまざまなすてきな特徴が書いてあり、切り取って使います。

　クラスメートに対して、「あの人はイキイキしている人だな」と思ったら、「イキイキしている人」のカードにその人の名前と自分の名前を書き込んで、その人に渡します。もらった人は「ありがとうの心」が高まるし、「ありのまま」の自分のイメージが変わるかもしれません。また「もっとがんばろう」と思うことで「やってみようの心」が高まることもあるでしょう。

　その人のいいところや、がんばっていることは、自分よりもほかの人のほうが見つけやすいこともあります。いろいろな人のウェルなところを発見できるきっかけになるといいですね。

シートはこんなものだよ。きみの周りにもいるかな？

元気な人	勇気を与えてくれる人	おもしろい人
さん より	さん より	さん より
根性のある人	落ち着いて考えられる人	いろんなことを知っている人
さん より	さん より	さん より
笑顔がステキな人	リーダーシップのある人	物を作るのが上手な人
さん より	さん より	さん より
すぐ行動する力がある人	アイディアがいっぱいある人	イキイキしている人
さん より	さん より	さん より
いっしょにいると楽しい人	いつも前向きな人	自分らしさをもっている人
さん より	さん より	さん より
尊敬できる人	植物を育てるのが上手な人	愛をもっている人
さん より	さん より	さん より
スポーツが得意な人	大切な人	人助けができる人
さん より	さん より	さん より

（サンちゃんのモデルの山田将由）

2 「ありがとう」の心

「ねえ、ケイ。なにかいやなことでもあったの？なんだかごきげんななめな感じがするよ？」

6月のある晴れた日の朝、ケイが学校に向かって歩いているとシンがたずねてきました。今朝のケイは口数も少なく笑顔もありません。

「なんかさあ、朝ご飯のときにちょっとママともめちゃってさ……。ちょっとイライラした気分のまま出てきちゃったんだよね……」

二人が話しながら校門に向かって歩いていくと、校長のハルナ先生が立っていて、登校してくる子どもたちにあいさつをしていました。今年の春から新しくやってきた校長先生で、だれかに似てる気がするんだよなあ、と4人で話していたところでした。

「おはよう！　あらあら？　ちょっとモヤモヤしている子がいるわねえ」

そう言って足元を見るのでつられて目を落とすと、ケイの足元には黒いモヤモヤがあります。

「梅雨前の青空の日に、もったいないわよ。こんなきれいな日って、ありがたいでしょう？　さあ、今、なにに感謝しているかを考えてみて！」

ぱちっとウィンクしながら先生が言ったとき、胸ポケットに入っている四葉のマーク付きのペンがきらりと光を放ったように見えました。と同時に、ケイのバッグについている四葉のキーホルダーもきらっと光りました。

ケイは四葉のキーホルダーが光ったのを見て
はっとしたように顔を上げました。

「あっ、あたし、アリアリナンヤッを忘れてた！」

　朝からイライラしてモヤモヤを出しているよう
ではいけないと思い直し、シンに声をかけます。

「ねえ、今、校長先生が言ってた『なにに感謝し
ているか』を考えてみようかと思うんだ。シンは
なにかある？」

「うーん、おれは今、お母さんに感謝してる。
今日、寝坊しかけたけれど、起こしてくれた」

それを聞いてマコも言いました。

「昨日から読んでいる本だな。続きが読みたくて、わくわくしながら起きられたから」

ヒロも続けます。

「わたしは天気予報に感謝してる。昨日はどしゃぶりだったじゃない？　雨が続くとお気に入りの服が着られないなあって思っていたんだけど、天気予報で晴れだとわかったから、今日はお気に入りの服を着られたんだ！」

そう言うと、くるりと服を見せてくれます。

「そっか、あたし、『ありがとうの心』を忘れて
たかも。朝ご飯のとき、ママがいろいろ言ってき
てイライラしてたけど、あたしのこと考えて言っ
てくれてたんだよね……。あっ！　こういうこと
を気づかせてくれた校長先生にも感謝しちゃうな
あ。考えると、いろいろあるかもしれない」

　そんなふうに話しながら歩いていると、校長先
生が後ろから声をかけてきました。

「みんな、感謝していることは見つかった？　感
謝していることを見つけたら、書いておくといい
わよ。その日の中でいちばん強く『ありがとう』っ
て思ったことを書くの。『感謝日記』と呼んでい
るのよ。あとから読み返すと、全部『ありがとう』
のことだけになって幸せな気持ちになるからおス
スメよ！」

　きみも考えてみよう
　今、感謝していることを考えてみよう！

92

感謝日記

　わたしは夜、寝る前に毎日「感謝日記」を書いています。一日をふり返って、その日の出来事で感謝することを日記に書くのです。たとえばわたしの感謝日記には、こんなことが書いてあります。

　「今日は、学校の子どもたちがだれもけがをしなかった。先生方のおかげ」「電車で赤ちゃん連れのお母さんに席をゆずっている人を見て、一日いい気分だった。感謝」

　続けていくと、日常のなかからありがたいこと、感謝できることがたくさん見えてきます。すると、自分の人生がどんどんすてきに、楽しく思えてきます。周りの人のすてきなところもたくさん見えてきます。今まで当たり前だと思って見過ごしてきたことが、実は当たり前ではなく、たくさんの人のやさしさやがんばりに支えられていることに気づけます。感謝したくなることばかりです。感謝日記を書いてから寝ると、いい気分で眠れるからか、朝も気持ちよく起きられます。ぜひやってみてくださいね。

感謝日記は、たとえばこんなスタイルで書けます。

月　　日　　曜日

日々の感謝・うれしかったこと・楽しかったこと

朝食のとき、窓から見えたくもの巣が、太陽の光に照らされてとても美しく、自然のすばらしさに感動してしまった。

月　　日　　曜日

〈今日の感謝〉

・朝、校門で6年生が「おはようございます」とあいさつをしてくれた。とても元気が出た。
・すっごくおいしいクッキーをもらった。感謝。

月　　日　　曜日　　晴れた！

隣の席の田中さんが日直の仕事を手伝ってくれた。

お昼のお弁当がとてもおいしかった！

（ハルルンさんのモデルの中島晴美）

94

3 一度失敗したら終わり？

「あああ、もうこれは失敗だ……」

　図工の時間に絵を描いていたヒロはがっかりして声をあげてしまいました。自分が空想した世界を描くという授業で、あと少しで完成しそうだったのに、オレンジにぬった空にうっかりと黒い絵の具をたらしてしまったのです。ヒロはあわてて布でふいてみましたが、黒い色はじわじわとオレンジの空ににじんでしまいました。

「どうした？　そろそろ仕上がりそうかな？」

　サンダ先生が声をかけてくれましたが、もう時間がないと思ったら余計に悲しくなってきます。

「もう、無理。完全に失敗。空に黒いにじみがあるなんてヘンだし、もう描き直す時間もない。そもそもなにをやっても遅いし、失敗ばかり……」

　すると、泣きそうになっているヒロの耳元で、サンダ先生がささやきました。

「ヒロ、モヤモヤがたくさん出ちゃってるよ」

　はっと顔を上げると胸ポケットから取りだした四葉のペンを手にして立っているのは、どう見てもウェル王国で会ったサンちゃんです。

「え!?　サンちゃんなの？」

「そうだよ。人間の世界にウェルを広げるために、ウェル族もまぎれこんでいるんだ。さあ、そんなに悪い方にばかり考えていてはウェル族の証が泣くぞ。ヒロに一つ大事なことを教えよう」

　そう言うと、先生は四葉のペンをひゅるるんと

ふりながら言いました。

「アリアリナンヤッ！　ポジティブ変換！」

　すると、絵がやさしい緑色の光に包まれ、黒い

にじみがうきあがったように見えました。

「すごい！　よごれが取れるの？」

「いやいや、取れはしないんだけど、見方を変え

るために魔法を使ってみたよ。なにに見える？」

「えーと、黒い染みだけど……鳥みたいな形？」

「いいねえ。よごれじゃなくなったね。**ポジティ**
ブというのは物事をいい方向にとらえる、という
こと。『**弱み**』だと思ったことも、見方を変えると
『**強み**』になるのさ。同じように、さっきヒロが
言っていた『時間がない』『なんでも遅い』『失敗ば
かり』というのをポジティブ変換したらどうなる？」

「えっ、そうだな、『なんでも遅い』というのは、
『丁寧にやっている』とか言いかえられるかな」

「おお、すごくいい考え方だ。時間がかかるのは
一つ一つ丁寧にやっているからだね。『時間がな
い』はどうかな？」

「うーん、『短い時間で集中してできる』とか」

「なるほど！　いいね。『失敗ばかり』は？」

「ええぇ？　ポジティブにできるかなあ……。あ、『何度もチャレンジできる』とかはどうかな？」

「すごいすごい！　失敗は成功のもとだからね。うん、今のように**見方を変えてポジティブに考えていくんだ。悪い面よりもよい面を見るようにすること**。それこそがウェル族なのさ！」

　気づくとサンちゃんはいつものサンダ先生にもどっています。図工の時間が終わるチャイムが鳴るまでに集中して絵を仕上げなければなりませんが、ヒロの足元のモヤモヤはもう消えていました。

※ きみも考えてみよう ※
失敗は成功のもと！
ポジティブ変換で「強み」を考えよう！

ハピネス・ブースター

なにか失敗したとき、悲しいことが起こったときに、それをありがたい機会だと思って、なんとかなると「ポジティブ変換」するのはとてもいい方法です。一方で、それがうまくいかないこともあります。そんなときに役立つのが「ハピネス・ブースター※」。気持ちをハッピーにしてくれるものや行動のことを意味します。

たとえば、この音楽を聞くと元気が出てくるとか、映画を見ると夢中になれて悲しさを忘れられるとか、家のネコをなでていると心が落ち着くとか、おいしいスイーツを食べると幸せな気持ちになるとか、運動をすると明るくなれるとか……。普段、気軽に、何気なくやっていることはありませんか？　そういった行動に「ハピネス・ブースター」と名前をつけて意識的に使ったり、行ったりすると、気分の切りかえに役立ちます。

幸せを自分でコントロールできる方法をたくさん知っていると、笑顔でいられる日が増えますよ。ぜひ、自分のハピネス・ブースターはなにか考えてみてくださいね。

※ハピネス：幸せ、ブースター：はたらきを強めるもの

こんなことをハピネス・ブースターにしている人がいますよ！

海を見に行く

本を読む

友だちと遊ぶ

好きな音楽を聞く

おかしを作る

だれかを笑わせる

（ハルルンさんのモデルの中島晴美）

4 得意なことパーティー

11月は学年集会があります。

「5年生は学年全体でパーティーをします。一人でもグループでも、得意なことをみんなに披露してください。みんなに任せるので、相談しながら準備をしてください。一人一人が自分の得意を活かして、全員が活躍できるようにしましょう」

前に立っているユウキ先生がそう言うのを聞いたシンは（得意を活かすのか、どうしよう……）と不安になりました。シンはお兄さんの影響で、マンガを描くのが得意です。でも、学校で描いたことはありません。シンはお兄さんにほめられれば満足でしたし、同級生のサトシがよくマンガを描いて友だちに見せていて、将来はマンガ家になりたいと話しているのを知っていたからです。サトシの描くマンガはおもしろいのです。

（おれのマンガなんて、サトシに比べたらぜんぜんダメだし、サトシだっておれがマンガを描いてると知ったらきっといやだろうな……）

シンはそう思っていました。でも、パーティーでみんなに見せられるような得意なことなんて、ほかに思いつきません。

（人と比べない、「**ありのままにの心**」が大事だってウェル王国では教わったけれど……）

そう悩んで、休み時間に一人で校庭の花壇のそばでしゃがんでいると、ユウキ先生とハルナ校長先生がいっしょに通りかかりました。

「大丈夫？　ウェル族の子らしくないぞ」

「足元からモヤモヤが出ちゃってるわねえ」

　シンが顔を上げると、胸ポケットに四葉のペンをさしたユウキ先生とハルナ校長先生です。が、二人はどう見てもユウさんとハルルンさんです。

「やっぱり！　ウェル王国のお城で会った人！」

「ようやく気づいてくれたか。人間の世界でも多くの人がウェルになる手伝いをしたくてね」

「あなた、ウェル族の子なのにひどいモヤモヤを出しているから、心配になって来てみたのよ。アリアリナンヤッを思いだしてごらんなさいな」

　二人にそう声をかけられてシンは言いました。

「思いだしているんです。でも、ありのままにやっていいのかなって迷ってて。おれ、マンガ描くのが得意です。でもおれよりもずっとうまいサトシがいて、今まで言ってなかったのに急におれも得意なんだって言ったらいやかなって……」

「なるほど！　きみはやさしい子だなあ。ここは

ひとつ、ちょっと手助けしようかな」

　ユウさんはそう言うと、胸ポケットから四葉の

ペンを取って、ひゅうっとふりながら言いました。

「アリアリナンヤッ！　メタ認知！」

　すると、３人の前に緑色に光る人形の家のよう

な箱が現れました。見ると、それは教室を上から

見下ろしたもので、教室の中にはシンやサトシは

もちろん、友だちの姿も見えました。

「ミニチュア教室を出したよ。メタとは『上の』とか『超える』という意味。メタ認知とは、自分自身のことや、周りの人との関係を鳥が飛ぶような高い視点から冷静に考えることだよ。ミニチュア教室だとメタ認知で考えやすいだろう？」

　ユウさんが箱について説明してくれました。ハルルンさんもつけ加えます。

「小さいころに人形遊びをしたことがあるでしょう？　そんな感じで『もしもこうだったら』を考えてみると、箱の中で動いてくれるのよ」

　そう言われてのぞきこむと、箱の中は休み時間なのか仲良し同士が集まっているようです。

「ふーん。じゃあ、もしも、おれがマンガを描くのが得意なんだって言って、マンガノートをみんなに見せたらどうなるのかなあ」

　そうつぶやいたとたん、箱の中の小さいシンがノートを取りだしてサトシたちに見せました。友

だちはみんなシンをほめてくれています。箱の中の小さいサトシもシンのマンガを見て、二人は意気投合したのか、話がもり上がっているようです。

「そうか！　マンガが得意な者同士でいろいろ話せるようになる。サトシと比べるのではなくて、おれはおれらしくマンガを描き、サトシはサトシらしくマンガを描くんだから、それを認めればいい！　それがウェルってことだよね。それが『自分も周りもウェルい』ってことだね」

　シンはミニチュアの自分の姿にほっとしたようです。そんな様子を見てユウさんが言いました。

「シンの得意なことも、サトシの得意なことも、それぞれ『ありのまま』に発揮することができるのがいちばんだ。二人でいっしょにマンガを描いたらもっとすごいことができるかもしれないぞ」

「そうね。得意なことを存分に発揮できればパーティーもきっと大成功でしょうね。せっかくだから、もう一つ見てみましょうか。アリアリナンヤッ！　得意フラグ！」

　ハルルンさんが四葉のペンをひゅっとふると、箱が淡い緑色の光に包まれました。光が消えて箱をのぞくと、子どもたちの頭にぴょんと旗が立ちました。シンとサトシの頭の旗には「マンガ」と書いてあります。得意なことのようです。

「クラスのだれがどんなことが得意なのか、なんとなく知っているでしょう？　それを見えるようにしてみたの。お笑い、歌、一輪車、縄とび、けん玉、手品……いろいろあるわねえ。みんなすご

い！　司会が得意という子や、飾るのが得意とい

う子、人の気持ちを落ち着かせるのが得意な子も

いる。**いろんな形の得意があっていいわね。一人**

一人ができることを発揮すればパーティーは楽し

くできそう。とってもありがたいことだわ！」

シンは箱をのぞきこみながら言いました。

「得意なことが同じなのもありがたいし、ちがう

のもありがたい。『ありのまま』の自分を発揮し

ていくことが大事なんだね」

シンの足元のモヤモヤは消えていました。

「今日は、考えやすいように魔法でミニチュア教室を出して目で見えるようにしてみたけれど、ウェル族の子たちなら頭の中で想像して同じことができるはずよ。もしなにかに困ったら、頭の中でミニチュア教室やミニチュアの自分、ミニチュアの友だちなどを想像してみて。飛ぶ鳥のような視点で冷静に考えると、周りの人や自分の気持ちや立場がよく見えてくるわよ。やってみてね」

ハルルンさんはウインクをしながらそう言うと、ユウさんと二人で学校の中に入っていきました。

きみも考えてみよう
メタ認知で考えよう！

ありがとうカード

　シンは最後に自分と同じようにマンガが得意な子がクラスにいることや、いろいろな人が得意を発揮してくれるありがたさに気づきました。こんなふうに、だれかのことをありがたいなと思ったとき、それを上手に伝えるために役立つ、「ありがとうカード」を紹介します。

　これは細長い、3、4行のコメントが書けるカードです。たとえばむずかしい作業を手伝ってもらったときなど、自分になにかをしてくれたことに対して「ありがとう」と言いたいときにも使えるし、グループ活動で「ああ、きみがいてくれてよかったな」と思うようなときにも使えます。カードをもらった人は自分がしたことを喜ばれたと実感できて、幸せな気持ちになるはずです。

　わたしは学校で、クラスのみんながなにかすてきなことをしたときに、おうちの人にそれを伝えるために使っています。おうちの人もうれしい気持ちになるのではないかと思います。だれかに「ありがとう」と言葉で伝えるのはとても楽しいですし、自分自身が幸せな気持ちになりますよ。

111

「ありがとうカード」はこんなものですよ！

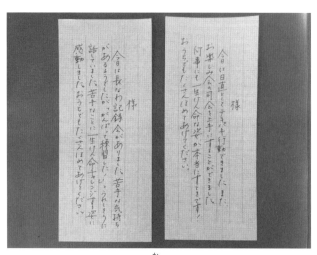

こんなメッセージを書いてわたしています。

給食のかたづけの際に、乱れている牛乳パックを手を汚しながらも一生懸命かたづけている姿に感動しました。自分のことだけでなく、みんなのことを考えて行動できることが素晴らしいです。

昔遊び体験で、一年生の子といっしょにこま回しをしました。うまく回すコツを上手に教えてあげていました。自分の得意なことを活かしてがんばっているところが素敵です。

「総理大臣になりたい！」という自分の夢を堂々と語っていました。おうちでもぜひ話してみてください。やってみようというチャレンジ精神がかっこいいです。

（ユウさんのモデルの岸名祐治）

5 ごきげんな言葉を使おう

今日は書き初め大会です。

「5年生って、今までにない行事が増えたよね」

「サンちゃん、ユウさんが担任だからかなあ」

「校長先生もウェル族のハルルンさんだし」

「シッ！　それは秘密でしょ。今日も楽しみだね。

きっといつもとはなにかちがうんだろうね」

4人は小声で話しながら体育館に向かいます。

体育館にはサンダ先生、ユウキ先生のほかに、

ハルナ校長先生も来ています。4人はそれぞれ自

分の場所で、書き初めの準備をしました。

「今日の書き初め大会は、自分がごきげんになれ

る言葉を書きます。なんでもいいですよ！」

サンダ先生がみんなに呼びかけました。

（へえ。おもしろい。ごきげんになる言葉かあ。

やっぱり『ありがとう』がいいかな）

113

ケイがうきうきした気持ちで半紙に向かいかけたところ、隣からなんだかモヤモヤした気配を感じて「うわっ！」と声をあげました。

ちょうど同じとき、マコ、ヒロ、シンもわくわくしながら半紙に向かいかけ、近くにモヤモヤした子がいるのに気づいておどろいていました。

ケイは心の中で（せっかくの機会を先生たちが作ってくれたのにモヤモヤしてるなんて。『ありがたい』って思えばいいのに！）と思いました。

マコは（『やってみよう』ってちょっと思えばいいだけなのに。モヤモヤしているなんて、弱虫だな）と考えました。

ヒロは（頭の中で思いつくだけたーくさん考えて、そこから選べばなんとかなるのに、心配してるだけじゃなんにもならないよ）と思いました。

シンは（ほかの人がなんと言おうと、自分がいいと思う言葉を『ありのままに』書けばいいだけ

だよ。ほかの人の目を気にして、かっこつけすぎなんじゃない？）と思いました。

　４人がそれをモヤモヤを感じている子に言おうとした瞬間…

「アリアリナンヤッ！」

　子どもたちの間を歩いていた３人の先生が、それぞれの場所からさけびました。四葉のペンがひゅるるんとふられ、体育館中が緑の光に包まれて、時間が止まったようにみんなが動きを止めています。動いているのは、ケイ、マコ、ヒロ、シンと先生たちだけ。４人がおどろいていると、ハルナ先生が声をかけてきました。

「ウェル族の子どもたち。今、近くの子を助けてあげようとしていたでしょう。すてきな心がけよ。今みんなが言おうとしたことも、内容はとてもすてき。でも、言い方はどうかしら。見て。アリアリナンヤッ！　言霊見える化！」

　すると、さっき4人が言おうとした言葉が、マ
ンガの吹き出しのように宙に浮かびました。見る
とどの言葉もトゲトゲした形をしていて、さわる
と痛そうです。

**「すべての言葉には、力があるのよ。その力のこ
とを昔から『言霊』といったりするの。ごきげんな
言葉はよい力を出し、人も自分もやさしくする。で
もふきげんな言葉は悪い力を出し、人も自分も傷
つけてしまう。人に言う言葉だけじゃないわ。つい**

言ってしまうような『つらい』『つかれた』みたいな

ふきげんな言葉や、『ありがとう』『うれしい』『大丈

夫』みたいなごきげんな言葉にも力があるの。だか

ら、なるべくごきげんな言葉で話してみないと！」

　ハルナ先生が話し終えると、再び3人の先生が

四葉のペンをふりました。すると、あたりは何事

もなかったように動きだしました。

　4人は（ごきげんな言葉が使えるように、なに

か言ってあげたいな）と思い、モヤモヤを出して

いる子に、そっと話しかけました。

「大丈夫？　困ってる？」

　その子たちは青い顔をしてうなずきます。

　ケイは、隣の子に聞いてみました。

「言うたびに感謝したくなる言葉はない？」

　マコも、隣の子に問いかけました。

「聞くと『やってみよう』と勇気が出る言葉は？」

　ヒロは、隣の子に言いました。

「言うと安心できるような言葉にするとか？」

　シンは、前にいる子にアドバイスしました。

「自分の長所を言葉に表すのはどう？」

　声をかけられたケイの隣の子は言いました。

「感謝したくなる言葉。『ありがとう』とか、『大好き』とかかな。『かわいいね』もうれしいかな」

　マコの隣の子も言いました。

「聞くと『やってみよう』と思える言葉？　『すごい！』とか、『やればできる』とかかな」

　ヒロの隣の子は言いました。

「安心できる言葉は、『落ち着いて』かな。あと

は『だいじょうぶ』って言われるとほっとする」

シンの前の子は言いました。

「長所か……。『よく考える』かな。考えすぎだ

とも言われるけど、自分の好きなところなんだ」

４人のアドバイスで、友だちもどんな言葉を考

えればいいかがわかったようです。

きみも考えてみよう

ごきげんになる言葉を使おう！

コラム

ごきげん言葉タイム

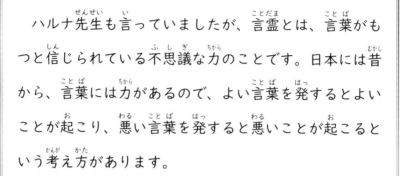

　ハルナ先生も言っていましたが、言霊とは、言葉がもっと信じられている不思議な力のことです。日本には昔から、言葉には力があるので、よい言葉を発するとよいことが起こり、悪い言葉を発すると悪いことが起こるという考え方があります。

　あなたが口にした言葉をあなた自身の脳も聞いています。脳は聞いた内容を理解し、記憶し、定着させようとします。笑顔を作ると楽しい気持ちになったり、下を向くと暗い気持ちになったりするのと同じように、ポジティブな言葉を使えばポジティブになるのです。

　使う言葉によって人は変わっていきます。そこで、ぼくは教室の壁に、「ありがとう」「やってみよう」「なんとかなる」「ありのままに」の心を高める言葉を貼りだしています。朝の会でそれぞれが好きな言葉を10個選んで声に出し、帰りの会では、一日をふり返って10個の「自分へのプレゼント言葉」を声に出す活動をしています。

壁に貼ってあるのはこんな言葉です。

心と身体の健康を意識できるような言葉をクラスのみんなでいっしょに考えました。

自分自身を認めて、自己肯定感を高める言葉もいっぱいあります。

周りの人への感謝の気持ちは、友だちとの関係をよくしていきます。

（サンちゃんのモデルの山田将由）

121

6 夢を語ろう！

　あと少しで5年生も終わりというある日。

「6年生になる前に、将来の夢についての作文を書いてもらいます。そこで今日は、自分の夢についてと、そのために今なにができるか、その夢のかなえ方を班で話し合ってみましょう」

　それぞれのクラスで先生が呼びかけました。

ケイは（班で考えられるのっていいな。楽しい！）と、マコは（夢かあ。考えてみよう！）と、ヒロは（夢のかなえ方って考えてみたこともないけれど、今から考えれば大丈夫だよね！）と、シンは（自分にできる、自分なりの夢のかなえ方を考えたいな！）と、わくわくしています。4人はそれぞれ班で友だちと話し合いをはじめました。

❀

「夢のかなえ方なんて、なんで話し合わなきゃな

らないの？　人と話すことじゃないよなあ」

　ケイの班の男の子がちょっとイライラした様子で言っています。ケイはそれを見て（なんだか、ウェル王国で修行する前のあたしみたい。「**ありがとうの心**」を伝えたいな）と思いました。

「ねえ。そんなこと言わないで、聞かせてよ。あたしはほかの人の夢のかなえ方を聞きたいな。そしたら、**その人のやり方を参考にして、自分の夢をかなえる方法に活かせるから、ありがたいよ**」

マコの班には、「夢なんてない。みんなで話したり、作文に書いたりするなんて無理だよ」とゆううつそうに言う子がいました。それを聞いたマコは、(「やってみようの心」を伝えてあげたいな。なんだか、ウェル王国に行く前のぼくみたいだもの) と思いながら言いました。

「ぼくもまだ夢を思いつかないけれど……。でも、今までだってやったことないことにいろいろ挑戦してきたじゃない？　なんでも最初はやったことがないものだよ。まずは『やってみよう』の気持ちで、いっしょに考えてみようよ！」

ヒロの班では、ある女の子が「わたしの夢は野球選手。でも、まあ無理だよね」と、元気のない様子で笑いました。ヒロはそれを聞いて、（ウェル王国で修行をしなかったら、わたしもそう思っていたかも。でも「**なんとかなるの心**」を使っていいんじゃない？）と思い、声をかけました。

「できるだけやってみて、あとは『なんとかなるよ！』でいいんじゃない？　**最初からあきらめていたら、できることもできなくなっちゃう。がんばれるところまでやってみたら夢がかなうかもしれないし、きっといいこともあるよ**」

125

シンの班でもある女の子が「ねえ、みんなの夢ってなに？　夢ってどんなものが多いのかな？　わたしの夢を話したら変わってるって言われるんじゃないかな」と心配していました。それを聞いてシンは、（ほかの人と同じだとなんか安心するよね。わかる、わかる。でも、夢はやっぱり自分の気持ちに正直に、**「ありのままにの心」**を大切にして考えたほうがいいよね）と思いながら言いました。

「人とちがってたり、どんなに変わってる夢でも、自分が本気でかなえたいことのほうがいいんじゃない？　好きなこととか、ずっとやっていて時間を忘れちゃうこととかって、ほかの人と自分ではちがうしさ……」

そのうちに、どの班でもみんな目を輝かせて自分の夢やかなえ方を話し始めました。

「あたしはピアニスト。だから毎日30分は絶対に練習してるし、プロが弾く演奏もよく聞くの」

「この仕事っていう夢はまだ決まってないんだけれど、だれかのお世話をしたいな。やさしくしてあげて喜ばれるのが好きだから。そのために、人に喜ばれることを毎日考えているよ」

「ぼくはパン屋さん。パンの焼きたてのにおいっていいよね。だから家でときどき家族と作ってるんだ。専門学校に行くといいって言われてる」

「お寿司屋さん。おいしいお寿司を作れるように
なって外国でお寿司屋さんをやりたい。だから、
英語の勉強もがんばっているよ」

「やりたい仕事は決まっていないけれど、わたし
は洋服がすごく好き。服の組み合わせを考えたり、
かっこいい人の着こなしのまねをしたり、洋服を
買うときは、どんな素材の布なのか、どこで作ら
れているのかも見るようにしている。洋服のこと

で気になることは、なんでも調べてみるんだ」

「おれも仕事じゃないんだけど、海をきれいにしたいんだ。海岸や海の中のゴミがなくなって、魚も人間も楽しく泳げるようにしたい。だから、ときどき海岸のゴミ拾いに家族と行くし、海について図鑑やテレビ番組を見て勉強してるよ」

「わたしは暖かい島国の海の近くの静かな街に住んでみたいな。地図帳を見たり、本やインターネットで調べたりして、島国の情報を集めてるんだ」

「おばあちゃんといつまでもいっしょにいたいんだ。だからおばあちゃんが健康でいられるようにいっしょにお散歩に行っているよ」

みんなは口々に話しています。

❀

話し合いに参加しながら、マコ、ケイ、ヒロ、シンの4人は、(みんな、ありのままの自分を大事にしているなあ。みんなの夢とそのためにどん

129

なことをがんばっているかを聞けて楽しいし、ありがたいや。夢はきっとなんとかなるから、挑戦してみたいな）と思いました。

　と、その瞬間、4人の四葉のキーホルダーが強い光を放ちました。

きみも考えてみよう
自分の夢と、そのかなえ方を考えてみよう！

宝物ファイル

　自分のことをもっと好きになるために、学校で子ども
たちと「宝物ファイル※」を作っています。

　「宝物ファイル」を作るのに必要なのは、透明なフィルムが
ついているファイル1冊と紙、それから好きなペンなどです。

　まず紙に、「自分のことを大好きになろう」「家族や友
だちのことも大好きになろう」と大きな字で書きます。
空いているところに絵を描いてもいいですよ。できたら
ファイルの1枚目としてとじます。

　次に自分の写真を貼って、その下に夢や願い事を書き
ます。自分の夢や願い事を文字にして目に見えるように
することで、しっかり意識できます。夢や願い事は、あ
るだけどんどん書いていいですよ。

　ここまでの準備が終わったら、次からは自分の長所や
人から言われてうれしかったことを書いてファイルした
り、自分の宝物や作品などを入れたりして、ページを増
やしていきます。

　友だちや家族と同時に始めて、見せ合うのもいいですよ。

「宝物ファイル」は、こんなふうに作っていますよ。

▲ファイルの最初の見開きページ

▲班の友だちからのメッセージ

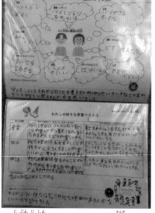

▲自分自身のことをしっかり考えます

▲がんばったことや作品の記録

◀一人一冊作っています！

（サンちゃんのモデルの山田将由）

※宝物ファイルは、岩堀美雪さんが提案している取り組みです。

エピローグ

「あれ？　ここはどこ？」

　気づくと、4人は広間に立っていました。

「よくもどってきたね。四葉のキーホルダーが
『合格〜！』という感じで激しく光ったから、人
間の世界でもきみたちの修行が終わったなと思っ
て呼びもどしたんじゃよ。ほら、見てごらん」

タックさんの声が聞こえました。4人が手にしているキーホルダーを見ると……今まではくすんだ緑色だった四葉が、明るい黄緑色に変わっているではありませんか。

「わあ、色が変わったね。きれいだね」

「その通り。人間の世界で修行をして、アリアリナンヤッの呪文がきみたちの中にしっかりと定着した。だから四葉の色が変わったんじゃ。これで修行はすべて終了じゃよ」

　タックさんはやさしい目で4人に告げました。

タックさんの言葉を聞いて、4人はそれぞれ出会ってからの日々をしみじみと思いだしました。ケイがタックさんに向かって言いました。

「あのときタックさんがあたしたちを修行の旅に連れてきてくれたからウェル族のみんなに出会えたんだよね。タックさん、ありがとう！」

　すると、マコも続いて笑顔で言います。

「ぼくは最初、絶対に修行なんてできないって思ってたんだ。でも、やってみてよかったよ。どんなこともまずは『やってみよう』と思えるようになった」

続けてヒロも言います。

「修行と聞いたときには心配だったけれど、やるべきことをやればあとは『なんとかなる』って思えるようになった。本当にありがとう」

そして、最後にシンが胸をはって言いました。

「おれは、自分のことが好きになってきた。人目を気にしてばかりいないで、『ありのまま』でいいって思える。タックさんのおかげです」

子どもたちからのお礼の言葉を聞き、ウェル王国の王様タックさんも満足そうです。

「それはみんなきみたちがもともと持っていたはずの心だから、取りもどせてよかったなあ。その心を活かしていつもウェルな状態でいることを、『ウェルビーイング』というんじゃよ。わしはそろそろきみたちとはお別れじゃが、きみたちはずっとウェル族の子だ。モヤモヤしてきたら、アリアリナンヤッの呪文で『ありがとう、ありのま

まに、なんとかなる、やってみようの心』を思い

だせば、ウェルビーイングでいられるはずだ。い

つまでも、4つの心を忘れない、ウェルい子でい

ておくれ」

「アリアリナンヤッ！」という王様の声で辺りが

真っ白になったかと思うと、4人は教室にもどっ

てきていました。手の中の四葉のキーホルダーは

黄緑色に輝いています。四葉を見るたびに「アリ

アリナンヤッ」を思いだすことでしょう。

おわりに

日本中の子どもたちが、ウェル族の子どもたちのように自分も周りの人も幸せにする素敵な人になってくれることを願っています。世界中の人が幸せに生きることのできる未来をみんなでつくっていきましょう。

中島 晴美

心が幸せだったり、心が元気だったりすると、いつも以上にがんばれるし、みんなにやさしくなれます。自分の幸せが、周りを笑顔にする奇跡を起こします。この本を何度も読んで、幸せな世界を広げていきましょう。

山田 将由

タックさんが言っていたように幸せな状態は自分の力で作ることができます。今の自分にたくさん花丸をつけて、自分を信じてあげてください。

きみならきっと、やりぬける～♪　やってみよう！

岸名 祐治

【監修者】
前野 隆司（まえの たかし）

タックさんのモデル。慶應義塾大学大学院システムデ
ザイン・マネジメント研究科教授、武蔵野大学ウェル
ビーイング学部長・教授。人が幸せに生きるとはどう
いうことかを科学的に検証する「幸福学」の第一人者。
企業や学校での講演やワークなどで、「幸せの４つの因
子」を広めている。著書『幸せのメカニズム』（講談社
現代新書）、『ウェルビーイング』（共著／日本経済新聞
出版）、『幸せな大人になれますか』（小学館）など多数。

【著 者】
中島 晴美（なかじま はるみ）

ハルルンさんのモデル。埼玉県公立小学校校長。ウェ
ルビーイング研究、道徳科・外国語科研究を日々深めて、
先生も子どもも笑顔で過ごせるウェルビーイングな学
校づくりを実践している。Happiness Study Academy
在学、Well-being University在籍。著書『ウェルビー
イングな学校をつくる―子どもが毎日行きたい、先生
が働きたいと思える学校へ』（教育開発研究所）

山田 将由（やまだ まさよし）

サンちゃんのモデル。横浜市公立小学校教諭。2009年
授業づくりネットワーク東京大会Mini-1グランプリ優
勝、2012年第2回JUT全国大会優勝（共に模擬授業全
国大会）。一流の教育者に学び、ミニネタ、読み書き計算、
ワークショップ型授業、脳科学、コーチング、幸福学
を取り入れた、簡単で効果のある楽しい教育メソッド
を日々深めている。著書『先生のためのウェルビーイ
ング入門』（kindle）他。

岸名 祐治（きしな ゆうじ）

ユウさんのモデル。東京都公立小学校主幹教諭。東京
都研究開発委員（情報教育）、東京教師道場リーダー（体
育）を歴任。Google認定教育者、ロイロ認定ティー
チャーを取得し、「GEG MITAKA」を立ち上げ、ICT
を活用した、子どもが主体的に学ぶ楽しく実りある実
践や、教育にウェルビーイングを取り入れる実践を継
続している。著書『ロイロノートのICT〝超かんたん〟
スキル ―エキサイティングな授業が明日スグできる!』
（共著／時事通信社）

書籍のアンケートにご協力ください

ご回答いただいた方から
抽選で**プレゼント**をお
送りします！

Z会の「個人情報の取り扱いについて」はZ会 Webサイト
(https://www.zkai.co.jp/policy/) に掲載しております
のでご覧ください。

■編集協力／フェリックス清香
■イラスト／本島享
■校正／K-clip（熊谷真弓・花井佳用子）

■装丁デザイン／tobufune
■装丁イラスト／コマツシンヤ

99％の小学生は気づいていない !?
ウェルビーイングの魔法

初版第１刷発行・・・2023年３月10日
初版第３刷発行・・・2024年７月１日

監修者・・・前野隆司
著　者・・・中島晴美・山田将由・岸名祐治
発行人・・・藤井孝昭
発　行・・・Z会　　　　〒411−0033　静岡県三島市文教町１−９−11
　　　　【販売部門：書籍の乱丁・落丁・返品・交換・注文】TEL 055-976-9095
　　　　【書籍の内容に関するお問い合わせ】https://www.zkai.co.jp/books/contact/
　　　　【ホームページ】https://www.zkai.co.jp/books/
印刷・製本・・・日経印刷株式会社
DTP組版・・・株式会社 ムレコミュニケーションズ